LE RÉDEMPTEUR;

COLLECTION DE SEIZE CANTIQUES ÉVANGÉLIQUES,

A L'USAGE

DES FAMILLES ET DES ÉCOLES;

PAR

CHARLES CUVIER.

MÉLODIE : Daigne au sortir de ce saint lieu.
Wie herrlich strahlt der Morgenstern.

STRASBOURG,
V.ᵉ LEVRAULT, RHEIN, KRÆUTER.
1846.

LE RÉDEMPTEUR;

COLLECTION DE SEIZE CANTIQUES ÉVANGÉLIQUES,

A L'USAGE

DES FAMILLES ET DES ÉCOLES;

PAR

CHARLES CUVIER,

Professeur, Ministre du Saint-Évangile.

STRASBOURG,

Imprimerie de Veuve Berger-Levrault.

1846.

1. Jésus, Rédempteur.

C'est en Jésus-Christ que nous avons la rédemption par son sang, savoir, la rémission des péchés, selon les richesses de sa grâce (Éph. I, 7).

O Christ, ô divin Rédempteur,
Je veux célébrer ta grandeur,
Ta bonté, ta clémence.
Fais que, touché de ton amour,
Je puisse goûter, en ce jour,
Ta paix et ta présence.
Amen. Amen.

Du fidèle, Dont le zèle Est sincère,
Exauce, ô Dieu, la prière.

1.

3. Jésus, Soleil de la justice.

Sur vous qui craignez mon nom, se lèvera le Soleil de la justice, et la santé sera dans ses rayons (Malach. IV, 2).

O Christ, ô Soleil glorieux,
Dans mon cœur viens, du haut des cieux,
Verser ta sainte flamme.
Tes rayons portent la santé ;
De justice et de sainteté,
Viens pénétrer mon âme.
Amen. Amen.

Du fidèle, Dont le zèle Est sincère,
Exauce, ô Dieu, la prière.

4. Jésus, Rocher spirituel.

Nos pères buvaient de l'eau du Rocher spirituel qui les suivait ; et ce Rocher était Christ (1 Cor. X, 4).

O Christ, mon Rocher, mon Sauveur,
C'est dans ta céleste faveur,
Que mon âme est bénie.
Mon cœur s'élève jusqu'à toi :
Ranime, Seigneur, de ma foi,
Et la force et la vie.
Amen. Amen.
Du fidèle, Dont le zèle Est sincère,
Exauce, ô Dieu, la prière.

5. Jésus, bon Berger.

Jésus dit : Je suis le bon Berger, et la porte des brebis. Si quelqu'un entre par moi, il sera sauvé et trouvera de la pâture (Jean X, 11. 7. 9).

O Christ, bon Berger, dont les soins,
A tes brebis, dans leurs besoins,
Procurent leur pâture:
Sous ta houlette je me tiens;
Fais moi, dans tes célestes biens,
Trouver ma nourriture.
Amen. Amen.

Du fidèle, Dont le zèle Est sincère,
Exauce, ô Dieu, la prière.

6. Jésus, Enfant.

L'Enfant croissait et se fortifiait en esprit, étant rempli de sagesse, et la grâce de Dieu était sur lui (Luc II, 40).

O Christ, ô Fils du Tout-Puissant,
Tu voulus devenir enfant,
Comme un fils de la terre.
Fais que, te suivant par la foi,
Je devienne enfant comme toi,
Soumis à Dieu ton père.
Amen. Amen.

Du fidèle, Dont le zèle Est sincère,
Exauce, ô Dieu, la prière.

7. Jésus dans le temple.

Ils le trouvèrent dans le temple, assis au milieu des docteurs, les écoutant et leur faisant des questions. Et tous ceux qui l'entendaient, étaient ravis de sa sagesse et de ses réponses (Luc II, 46. 47).

O Christ, ô Disciple accompli,
A douze ans, déjà tout rempli
De sagesse et de grâce :
Fais qu'à ton exemple, Seigneur,
De la vérité, dans mon cœur,
J'éprouve l'efficace.
Amen. Amen.

Du fidèle, Dont le zèle Est sincère,
Exauce, ô Dieu, la prière.

2.

8. Jésus baptisé.

Le Saint-Esprit descendit sur lui sous une forme corporelle, comme une colombe; et il vint une voix du ciel qui dit: Tu es mon Fils bien-aimé, en qui j'ai mis toute mon affection (Luc III, 22).

O Christ, Agneau du Dieu vivant,
Du Très-Haut proclamé l'enfant,
En sortant du baptême:
Du Saint-Esprit qui vint sur toi,
O Fils de Dieu, baptise-moi,
Fais qu'à toujours je t'aime.
Amen. Amen.

Du fidèle, Dont le zèle Est sincère,
Exauce, ô Dieu, la prière.

9. Jésus tenté.

Il a été tenté de même que nous en toutes choses, si l'on en excepte le péché, et il peut secourir ceux qui sont tentés (Héb. IV, 15; II, 18).

O Christ, ô Vainqueur du démon,
Toi qui dans la tentation,
Triomphas avec gloire :
Viens m'assister dans mes combats ;
Viens par la force de ton bras,
Me donner la victoire.
Amen. Amen.

Du fidèle, Dont le zèle Est sincère,
Exauce, ô Dieu, la prière.

10. Jésus faisant des miracles.

Plusieurs crurent en lui, voyant les miracles qu'il faisait, et Nicodème lui dit: Maitre, personne ne saurait faire ces miracles que tu fais, si Dieu n'est avec lui (Jean II, 23; III, 2).

O Christ, ô Sauveur éternel,
Qui, par la puissance du ciel,
Opérais des miracles:
Assiste-moi par ton pouvoir,
Sur toi je fonde mon espoir,
J'en crois tes saints oracles.
Amen. Amen.
Du fidèle, Dont le zèle Est sincère,
Exauce, ô Dieu, la prière.

11. Jésus faisant du bien.

Dieu a oint du Saint-Esprit et de puissance, Jésus de Nazareth, qui allait de lieu en lieu en faisant du bien et guérissant tous ceux qui étaient opprimés par le diable, parce que Dieu était avec lui (Act. X, 38).

O Christ, Appui des malheureux,
Toi qui t'empressais, en tous lieux,
D'adoucir leurs misères :
Viens, par ta divine onction,
M'inspirer la compassion,
Pour chacun de mes frères.
Amen. Amen.

Du fidèle, Dont le zèle Est sincère,
Exauce, ô Dieu, la prière.

12. Jésus mort pour nos péchés.

Dieu a fait éclater son amour envers nous, en ce que, lorsque nous n'étions que pécheurs, Christ est mort pour nous (Rom. V, 8).

O Christ, ô Salut des pécheurs,
Qui, par ta mort et tes douleurs,
Expias mon offense:
Fais que, par toi justifié,
Et par ton sang purifié,
Je garde l'espérance.
Amen. Amen.

Du fidèle, Dont le zèle Est sincère,
Exauce, ô Dieu, la prière.

13. Jésus ressuscité.

Christ est ressuscité et il est devenu les prémices de ceux qui sont morts. O mort, où est ton aiguillon ? O Sépulcre, où est ta victoire (1 Cor. XV, 20. 55).

O Christ, ô Vainqueur de la mort,
Toi qu'on vit, triomphant et fort,
Ressusciter en gloire :
Fais que je vive et meure en toi,
Et du sépulcre, par la foi,
J'obtiendrai la victoire.
Amen. Amen.

Du fidèle, Dont le zèle Est sincère,
Exauce, ô Dieu, la prière.

3.

14. Jésus à la droite de Dieu.

Si vous êtes ressuscités avec Christ, cherchez les choses qui sont en haut, où Christ est assis à la droite de Dieu, affectionnez-vous aux choses qui sont en haut, et non à celles qui sont sur la terre. (Coloss. III, 1.)

O Christ, ô Roi majestueux,
Toi qui remontas glorieux,
A la droite du père :
Viens élever mon cœur à toi ;
Viens soumettre à ta sainte loi,
Mon âme tout entière.
Amen. Amen.

Du fidèle, Dont le zèle Est sincère,
Exauce, ô Dieu, la prière.

3..

15 Jésus envoyant le Saint-Esprit.

Je prierai mon père, qui vous donnera un autre consolateur, savoir l'Esprit de vérité, afin qu'il demeure éternellement avec vous (Jean XIV, 16).

O Christ, ô Pontife éternel,
Toi qui fis descendre du ciel,
L'Esprit qui sanctifie :
Verse ton Esprit dans mon cœur,
Et que sa céleste lueur
Renouvelle ma vie.
Amen. Amen.

Du fidèle, Dont le zèle Est sincère,
Exauce, ô Dieu, la prière.

16. Jésus revenant pour juger le monde.

Voici, je vais venir bientôt, et j'ai mon salaire avec moi, pour rendre à chacun selon ses œuvres. Ce que je vous dis, je le dis à tous : Veillez (Apoc. (XXII, 12 ; Marc XIII, 37).

O Christ, ô Juge souverain,
Du ciel tu viendras, à la fin,
Juger toute la terre :
Fais que j'attende constamment,
Ton glorieux avénement,
En enfant de lumière.
Amen. Amen.

Du fidèle, Dont le zèle Est sincère,
Exauce, ô Dieu, la prière.

www.ingramcontent.com/pod-product-compliance
Lightning Source LLC
Chambersburg PA
CBHW060513050426
42451CB00009B/959